AUX DAMES BIENFAISANTES.

MÉMOIRES

DE Mme Ve LOUIS ***,

écrits par elle-même

AUX DAMES BIENFAISANTES.

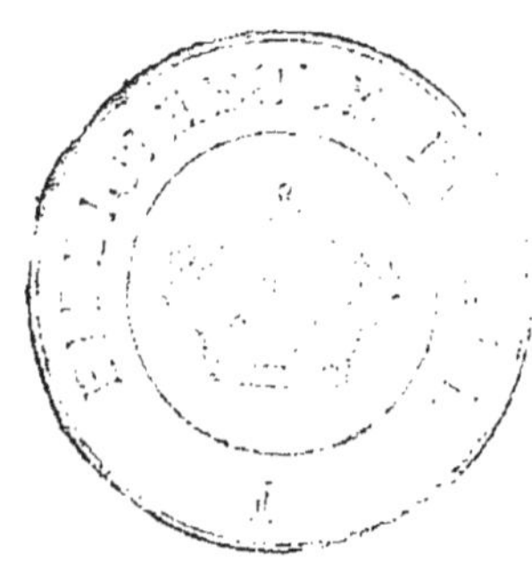

Le Chrétien, sous la protection de Dieu, surmonte les malheurs de la vie.

Prix : 1 fr. 25 c.,

Au profit d'une Mère malheureuse.

BORDEAUX.

IMPRIMERIE DE TH. LAFARGUE, LIBRAIRE,

RUE PUITS DE BAGNE-CAP, 8.

1844.

Mesdames,

Les innombrables malheurs dont je suis accablée me forcent à écrire, en abrégé, ma déplorable et trop véritable histoire. Mon but, en faisant ce récit, est de faire ressortir le zèle et l'immensité de la charité de toutes les personnes qui sont venues à mon aide, durant mes infortunes : Vénérables Prélats, Prêtres respectables, Religieuses modestes et compatissantes, Dames sensibles et généreuses, Hommes au cœur pur et élevé, hélas ! je sens mon incapacité, mais je compte sur l'indulgence des âmes pieuses à qui mon petit ouvrage sera présenté.

Je ne dirai pas le nom de ma famille ni le lieu de ma naissance ; Mme Ve Louis ***, tel est le nom sous lequel je me présente à mes lecteurs.

La plus grande partie de ma vie fut consacrée à l'éducation des jeunes demoiselles. J'avais à Montauban (Tarn-et-Garonne), un établissement qui ne le cédait à aucun autre de ce genre. Pour le fonder, j'avais épuisé toutes mes ressources, il faisait toute ma joie ; en lui, j'avais mis toutes mes espérances. J'avais avec moi une jeune sous-maîtresse, nommée Herminie. Douée d'un extérieur agréable, elle avait beaucoup d'instruction ; elle avait fait son éducation à Paris, où elle avait passé plusieurs années. Plus légère que l'oiseau, pour son malheur et pour le mien, son émotion égalait sa légèreté. Par sa gracieuse amabilité, Herminie plut beaucoup à Montauban ; elle y reçut tant d'accueil, qu'elle en fut enorgueillie, et, bien que je ne veuille pas manquer au précepte de charité, qu'il me soit permis de dire que ce caractère léger, inconstant, contribua beaucoup à tous mes malheurs.

Mon établissement était florissant ; Mgr. de Trélissac m'honorait de sa protection et venait souvent nous visiter. J'allais jouir enfin du fruit de mes peines et de mes travaux, lorsqu'une maladie grave me conduisit aux portes du tombeau : pendant six mois je ne pus quitter mon appartement. Epoque malheureuse ! source de toutes mes infortunes ! cette maladie me laissa une surdité presque complète dont jamais je n'ai pu me débarrasser. Sous prétexte que je ne pouvais plus entendre, et qu'il me serait désagréable de recevoir, Herminie éloigna de moi tous les parents des élèves, et à force d'intrigues et de cabales se fit nommer à ma place. (J'avais eu le malheur, pendant ma maladie, de perdre M. le Préfet, un de ces magistrats justes, qui n'aurait pas souffert les injustices dont je suis la victime). Forcée d'abandonner un établissement que j'avais créé, n'ayant plus aucune ressource, puisqu'on prétendit que les frais de ma longue maladie avaient dépassé le montant des avances que j'avais faites, il fallut se résigner à partir. Je suivis en cela les conseils bienveillants de M. le Curé de la paroisse de saint Jean-Baptiste, qui pensait que sous peu on me rappellerait pour me rendre la charge qu'on m'avait enlevée. Je ne redirai pas les réflexions amères que je fis durant le voyage de Montauban à Toulouse : il est des choses que l'on sent et qu'on ne peut exprimer. J'étais si triste que, sans la foi, je me serais laissé abattre : c'est cette foi, cette confiance en Jésus-Christ et en sa sainte Mère, qui m'a soutenue et protégée. J'arrive à Toulouse sans autre ressource que les certificats que j'avais pris, en partant, à l'évêché de Montauban. Sans doute, j'aurais pu en appeler à la justice des hommes, revendiquer mes droits ; je ne voulus pas faire retentir les tribunaux de mon nom : je me résignai. J'espérais qu'Herminie reconnaîtrait ses torts, me rappellerait près d'elle. Vain espoir ! elle résista aux conseils des personnes les plus respectables, et les plus dévouées.

Seule et sans appui, que faire à Toulouse ? — Je m'adressai à M. l'abbé N.***, vicaire, alors de la cathédrale, et depuis curé du Taur. Je ne me permettrai pas de décrire les traits de ce jeune Ecclésiastique ; il m'a trop appris, ce digne Prêtre, à fouler aux pieds tout ce qui n'est fait que pour la terre : mais quel accueil bienveillant ? quels discours pathétiques et consolants ?

quelle charité ? par ses soins je fus admise auprès de Mgr. d'Astros. Sa munificence réunie au zèle et aux consolations évangéliques de M. l'abbé me soutenaient depuis plusieures mois, dans cette ville pieuse, lorsque un soir, au sortir de la Bénédiction de l'église du Taur, je fus renversée par une voiture, et foulée aux pieds des chevaux fougueux. Quelques personnes charitables me relevèrent à demi-morte, et me transportèrent dans mon logement. Là, deux médecins me prodiguèrent leurs soins empressés : il n'y avait rien de fracturé, mais je ne pouvais faire usage d'aucun de mes membres, j'avais une forte contusion au côté gauche, qui me faisait éprouver des souffrances horribles. Le digne abbé fut promptement instruit de l'accident qui venait de m'arriver, il accourut m'apporter ses consolations. Par ses dons généreux il pourvut au plus urgent, me donna une garde qui ne me quitta plus ; et, ô comble de la charité, il alla me recommander aux soins bienveillants de Mme de Gélibert, une de ses paroissiennes. Cet ange de vertu appartient à une des familles les plus distinguées de Toulouse ; son père, M. de La Broquère, est président de la Société de saint Vincent-de-Paul, réunion qui compte à Toulouse cinq ou six cents jeunes gens. Son but est de pratiquer toute sorte de bonnes œuvres, d'instruire et de secourir les malheureux, et d'approcher des Saints Mystères le plus souvent possible. Cette édifiante société ne pouvait choisir un meilleur modèle à imiter que le respectable président qu'elle s'est donné.

Mme de Gelibert accourut aussitôt chez moi. Que ne puis-je ici en faire dignement le portrait ! d'une taille élevée, d'une tournure parfaite, d'un sourire gracieux, de beaux traits, de belles couleurs ; à un teint légèrement brun, elle réunit des yeux d'un bleu céleste, dont le regard porte aux malheureux un baume consolateur [1]. Je n'oublierai jamais celui qu'elle jeta sur moi, en me disant : « Que je serais heureuse, Madame, si je pouvais alléger vos souffrances ! n'omettons rien pour votre guérison ; je me charge de tout. Espérons que notre aimable Jésus viendra seconder mes faibles efforts ». Elle me parla ensuite d'un ton si persuasif du bonheur de souffrir pour celui qui avait tant souffert pour nous, que son visage était tout enflammé pour son céleste époux. Je me sentis toute consolée, mon âme était vibrée de l'amour dont je la vis embrâsée.

» Adieu, dit-elle, chère Dame, je reviendrai demain ». Grâces aux soins qu'elle me prodigua, peu de jours après, je marchais seule dans ma chambre.

Dieu me réservait une épreuve plus rude : j'avais un fils, un fils unique, que je puis appeler l'enfant des larmes, tant il m'a fait couler de pleurs par son inconstance et son goût excessif pour les plaisirs de son âge. En vain, dès sa plus tendre enfance, sa sœur, Religieuse au Sacré-Cœur, à Paris, lui procura-t-elle une

[1] Si je dépeins les charmes de Mme de Gélibert, c'est pour démontrer que la beauté n'est pas incompatible à la vertu.

place dans une institution dirigée par d'excellents Prêtres ; en vain, plus tard, fut-il admis au séminaire d'Agen, sous les auspices du respectable abbé Tailhé, son supérieur ; la fougue de la jeunesse l'emporta : il voulut se lancer dans la carrière militaire. Une difficulté se présentait : il était trop jeune pour s'enrôler, il n'avait que seize ans. Les idées de gloire qui fermentaient dans cette jeune tête lui firent surmonter cet obstacle : il présenta comme sien, l'acte de naissance d'un cousin âgé de 20 ans, portant le même nom que lui, et s'enrôla dans le 48.me régiment de ligne, en garnison à Bayonne. Là, il ne tarda pas à se faire distinguer par son éducation, et bientôt on lui confia la direction de l'École régimentaire ; avec un peu de persévérance, il eût été nommé officier dans très-peu de temps. Mais, à son gré, en France, la gloire arrivait trop lentement ; il résolut d'aller la chercher en Espagne : il déserta son régiment pour passer dans ce malheureux pays déchiré par les partis. Il ne tarda pas à se repentir d'une pareille faute : il voulut, à tout prix, revoir sa patrie. Sous l'habit d'un paysan espagnol, il revient à Bayonne ; reconnu, malgré son déguisement, il fut arrêté, traduit devant un Conseil de guerre, et condamné à deux ans de prison.

J'ignorais complètement son retour, et son arrestation ; ses lettres adressées à Montauban ne m'étaient pas parvenues. Enfin, une que je vais transcrire vint m'apprendre sa condamnation. La Providence permit que j'apprisse son malheur trop tard ; il était sans remède.

Mères qui me lirez, jugez de ma douloureuse position ! Avant de faire part au lecteur de la lettre d'Armand (c'est le nom de mon fils), disons que, pour défaut d'âge, son engagement étant nul, il n'avait pu être considéré comme déserteur, et qu'il avait été condamné pour avoir emporté des effets appartenant au Gouvernement.

Lettre d'Armand à sa Mère.

Ma très-chère Mère,

Condamné par un Conseil de guerre, pour des effets sans valeur, faut-il que pour cette futilité je sois privé pendant deux ans d'aller te consoler, te faire oublier tes malheurs, pour ne te rappeler que ton fils qui ne verrait que sa mère ? Encore si tout se bornait là, chère mère ; on veut me poursuivre devant le tribunal d'Agen pour le faux, ou plutôt l'altération de l'acte de naissance qui servit à mon enrôlement. Je n'avais que seize ans ; les hommes voudront-ils reconnaître que je n'étais, alors, qu'un enfant ; que le mot de *faux* n'avait jamais résonné à mon oreille, avec toute sa gravité ? Je ne sais. Ayons foi en l'Être plus parfait qui n'abandonnera pas le fils, après avoir conservé la mère. Ce n'est pas moi qui ai altéré l'écriture ; celui qui le fit était plus âgé que moi de 6 ans ; je sais bien qu'il suffirait de l'indiquer pour être absous ; mais en le faisant, ton fils resterait-il digne de toi ? non, mille fois non. Je me montrerai aussi grand que mon malheur ; je supporterai, seul, le châtiment d'une faute que je n'ai pas commise et dont j'ignorai la gravité : je penserai à toi et ma peine sera moins amère.

Je réserve pour un autre temps le récit de ma malheureuse désertion ; puisse ce moment être plus heureux que celui d'aujourd'hui.

Adieu, mère infortunée, toujours ton bon fils,

ARMAND.

Prison de Dax, etc.

Je restai quelque temps encore à Toulouse. Mon fils m'écrivait souvent des lettres touchantes, me demandant des secours pour adoucir sa captivité. Hélas ! je n'avais que le ciel, et ce Prélat vénérable qui n'épuisa jamais sa charité pour le fils et sa malheureuse mère.

M.me de Gélibert était allée faire un voyage avec son époux. Je m'adressai, un jour, à M.me Louise Bizot, supérieure des Filles de la Charité de la Daurade ; je lui fis part des chagrins qui me consumaient. Elle m'accueillit avec bonté ; me fit part de ses largesses, me consola par des discours vraiment chrétiens que l'amour de Dieu peut seul inspirer, et suppléa à tout pendant l'absence de M.me de Gélibert. Sa maison était pour moi un sujet d'édification et de consolation. Avec quelle aménité toutes ses bonnes sœurs reçoivent les pauvres ! quelle bonté affectueuse ! quelle patience ! La Religion seule, peut inspirer de pareils sentiments.

Mon fils me pressait d'aller le voir ; il m'écrivait continuellement que si j'y allais, j'obtiendrais sa grâce. A cette idée, ma tendresse s'épanouissait. Si j'étais assez heureuse, disais-je, à part moi, pour lui rendre la liberté ! J'étais décidée à partir, lorsqu'une maladie nouvelle qui dura plusieurs mois, vint s'opposer à mon départ.

Durant ma maladie, je reçus la lettre suivante :

Ma chère Mère,

Que ta lettre m'a causé de peine en m'apprenant ta longue et cruelle maladie. Faut-il que tous les malheurs réunis accablent à la fois la meilleure des mères, lorsque ton fils, à qui tu as prodigué tant de soins, dans l'âge de la force, mûri par l'expérience acquise à l'école du malheur, ne peut que te plaindre, lui qui brûle du désir de voler dans tes bras, de partager tes malheurs, de te les faire oublier par mille soins nouveaux, si la fortune venait encore nous sourire! Mais une année, encore, qui va me paraître un siècle, avant d'être rendu à la liberté ! Oh ! qu'ici, chère mère, je me rappelle tes sages conseils ! Si je les avais suivis, je ne serais pas allé, comme un insensé, courir au hasard sur une terre étrangère. Mais toujours bonne et indulgente mère, mes fautes ne t'empêchent pas de me tendre une main secourable. Aussi, comme il me sera doux de suivre tes exhortations. A l'avenir, je marcherai dans le sentier de la vertu ; tu le veux, tu l'exiges ; eh ! bien, à ma prochaine lettre, tu auras des preuves de mon retour à la religion qui, désormais, sera mon amie mon conseil, et mon guide.

J'ai reçu la petite somme d'argent que tu m'as envoyée ; je ne t'en exprimerai pas mes remercîments : où trouverais-je pour cela les expressions ? Reçois, seulement, le baiser filial de ton bon fils,

Armand.

Aussitôt que je fus un peu rétablie, je me disposai à partir. J'espérais tout du retour de mon fils à la religion ; cette idée m'électrisait, et me donnait la force de supporter les fatigues de la route.

Pendant le trajet de Toulouse à Dax, où mon fils était détenu, cette douce pensée se présentait toujours à mon esprit : si j'étais assez heureuse pour obtenir la grâce de mon bien-aimé.

Je connaissais M. le Curé de la ville de Dax : cet ecclésiastique des plus respectables, pouvait m'être d'un grand secours pour la réussite de mes projets. Je résolus, dès-lors, dès mon arrivée, d'aller implorer son appui, et me mettre sous sa puissante protection.

J'étais absorbée par ces idées de douce espérance, lorsque nous entrâmes dans la ville de Dax ; c'était un Dimanche, à l'heure de la Grand'Messe. En sortant de la Diligence, je me rendis à l'église, assister aux saints Mystères, après avoir fait prévenir mon fils de mon arrivée. Je sentais que je manquais de forces pour arriver au château (prison de Dax) ; j'invoquai le ciel de toute la sincérité de mon âme, et après la sainte Messe, je m'acheminai tristement vers ces tourelles qui causèrent à mon cœur un effroi, et un saisissement indicibles. On me fit monter plus de soixante marches pour arriver à ces misérables détenus ; on me conduisit dans une grande chambre où l'on avait placé deux chaises, et on alla avertir mon malheureux enfant qui ne se fit pas longtemps attendre.

Je renonce à peindre la scène qui se passa entre nous : les mères qui me liront peuvent seules la comprendre. Qu'il suffise de dire que la mère et le fils, confondus dans de mutuels embrassements, ne pouvaient trouver une parole pour exprimer tout ce qu'ils ressentaient. Pauvre mère, que de peines je te cause ! furent les premiers mots que mon fils put articuler. Après un moment d'un silence forcé, il ajouta : Tu lis dans mon cœur mon repentir et mes regrets ; jamais je ne parviendrai à effacer mes fautes qu'en marchant avec toi dans le sentier de la vertu et de la religion ; ordonne : je suis prêt à obéir.— Pour moi, j'étais si affectée que je ne pouvais tarir mes larmes, ni parvenir à parler, malgré tous mes efforts. Cependant, comme je ne voulais pas laisser ignorer à mon fils les démarches que je me proposais de faire pour obtenir sa liberté, je surmontai mon émotion et lui parlai de l'espoir que j'avais mis en M. le Curé de Dax. — Tu le connais, s'écria mon fils, oh, par lui, tu obtiendras tout ce que tu demanderas ; tout ici, retentit de ses vertus et de sa bonté ; il vient souvent nous visiter ; nous l'aimons comme un père tendre et affectueux, il nous chérit comme ses enfants. En disant cela, mon fils rayonnait de joie, tant il avait confiance en l'appui du saint Prêtre. Enfin, on vint nous prévenir qu'il fallait se séparer. Adieu, lui dis-je, Armand, demain je te dirai si nous pouvons espérer.

Je me présentai chez M. le Curé. Ce bon Pasteur me reçut avec une affabilité et une douceur évangéliques ;

il se rappela très-bien d'avoir distingué mon fils parmi les détenus. « C'est vous, me dit-il, Madame, qui êtes la mère de notre petit poète ? il a très-bien fait la description de la ville de Dax. Sa conduite ici, est très-bonne ; je le crois digne de faveurs ; comptez sur moi, si je puis le servir ». Je lui communiquai mes projets : il m'écouta avec beaucoup d'intérêt, et me promit d'écrire de suite au général Harispe, à Bayonne, pour le prier d'appuyer ma demande. « Le général, me dit-il, est un ami du Clergé, mais au Roi seul appartient le droit de faire grâce ; il faudra donc s'adresser à ce monarque, et si le général a la bonté de mettre à votre supplique une apostille favorable, le crédit dont il jouit, ne laisse pas de doute que la grâce de votre fils vous sera accordée ».

L'espérance et la joie ranimèrent mes forces abattues par tant d'émotions. Je volai à la tour de mon fils ; je lui fis le récit de mon entretien avec le digne Pasteur, et il partagea tout mon espoir, le malheureux enfant ! je le laissai ce jour-là, moins triste qu'à l'ordinaire.

Peu de jours après, je rentrais de faire à mon fils ma visite de chaque jour, et cette fois j'avais voulu visiter ses malheureux compagnons de captivité ; leur misère physique, leur misère morale m'avait laissé dans l'âme une tristesse indéfinissable. Arrivée chez moi, je pleurais amèrement, lorsque M. le Curé arriva et me surprit tout en larmes. « Qu'avez-vous, me dit-il, » pauvre mère ? Séchez vos pleurs : ceci vous conso- » lera... » Et il me remit la réponse qu'il venait de recevoir de Bayonne : M. le général Harispe lui témoignait tout le plaisir qu'il aurait à l'obliger ; il lui recommandait de se hâter ; de ne pas perdre un moment, parce qu'il était obligé de s'absenter pour long-temps ; de lui envoyer de suite ma supplique au Roi, pour qu'il pût l'expédier pour Paris, avant son départ. Aussitôt j'écrivis au Roi en ces termes :

« SIRE,

» Une mère désolée ose se jeter aux pieds de votre Majesté, avec cette confiance de l'infortune qui a besoin et qui espère, pour supplier votre clémence de lui accorder la grâce de son fils unique, détenu au château-fort de Dax, condamné à deux ans de prison pour cause de dissipation d'effets militaires. Si je ne m'adressais au plus puissant des Rois et au meilleur des Monarques, je n'oserais entrer dans le détail des faits qui ont amené la condamnation de mon malheureux captif.

» Sire, mon fils n'avait pas atteint sa seizième année. Emporté par le désir de servir Votre Majesté, il fit mettre sur son acte de naissance, par un de ses amis, une date qui lui donnait l'âge requis pour servir. Ce stratagème le fit réussir à s'enrôler dans le 48.me Régiment de ligne. La gloire arrivant trop lentement au gré de sa fougue impatiente, mon fils quitta son régiment pour passer en Espagne, emportant ses habits militaires. Il ne tarda pas à s'en repentir, et revint bientôt à Bayonne se mettre à la discrétion de ses chefs.

» Sire, je respecte les lois : mon fils avait désobéi ; il méritait la peine qui lui fut infligée. Mais après quatorze mois de captivité, ne puis-je espérer sa grâce? Sire, je suis à vos genoux, j'implore la pitié de votre Majesté : qu'elle me rende à la vie en me rendant la liberté de mon fils bien-aimé.

» Dans cet espoir, je suis,

SIRE,

de Votre Majesté, etc.,

Ve LOUIS *** ».

Je courus au château porter la lettre au Général, et communiquer la mienne : mon fils était transporté de joie. Il écrivit aussitôt à M. le Curé pour le remercier de ses bontés, et me dit : « Ne parlons pas de notre bonheur, je pourrais avoir des jaloux ». Nous nous séparâmes pleins d'espérance et presque de bonheur.

Je voulus attendre à Dax le résultat de mes démarches. Chaque jour, je voyais mon fils, à moins que ma santé me forçât à garder la chambre. Dans ces entretiens sous verroux, l'âme s'élève vers Dieu avec plus de noblesse et de solennité. Nous épanchions mutuellement nos cœurs; Armand me racontait tous les incidents de son passage en Espagne, et, mère tendre, j'en prenais occasion de le rappeler à la vertu et à la Religion; il promettait de suivre mes avis, et versait ainsi un baume consolateur sur toutes mes peines. « Que n'ai-» je, disait-il, suivi les enseignements et les conseils du » bon directeur du séminaire d'Agen, de cet excellent » et vertueux homme juste, l'abbé Tailhé ».

Deux mois s'étaient écoulés, et je n'avais aucune nouvelle de Paris (les demandes de ce genre ne sont expédiées que par numéro d'ordre) : c'était bien long; mes fonds diminuaient; il fallait attendre, assurait-on, au moins deux mois encore. Tourmentée, entre la crainte et l'espérance, ma tristesse augmentait. Armand s'en aperçut. « Ton état m'affecte, me dit-il; tu as » quelque chagrin nouveau; tu n'as peut-être pas de » quoi te soutenir? » — « Je ne pourrai pas, lui dis-je,

» rester ici aussi long-temps ; résignons-nous à la sainte » volonté de Dieu ; ayons confiance en sa miséricor- » dieuse Providence ».

Trois mois étaient passés ; rien de Paris. J'avais été obligée de diminuer les secours que je donnais à mon fils : il n'avait pas eu l'air de s'en apercevoir pour ne pas augmenter ma douleur.

M. le Curé avait la bonté de venir me visiter. Dans une de ses visites, il m'adressa des paroles si bienveillantes sur les angoisses que devaient me faire éprouver la lenteur de mes démarches ; sur le souci que devait me causer l'état de nudité du captif qui, en sortant, ne pourrait se présenter à personne ainsi vêtu ; le ton, la voix, tout en lui appelait tant ma confiance, que j'ouvris mon cœur à cet homme de Dieu. Pourrais-je le redire sans éprouver les plus violentes émotions de reconnaissance : homme généreux, vous déposâtes dans mes mains, avec le plus grand secret, une somme capable de suffire à tout ; et vous vous éloignâtes pour échapper à mes remercîments. La voix publique connaît cet homme ; si la reconnaissance ne publiait ses bienfaits, ils resteraient toujours ignorés, tant il y a dans ses dons une noblesse qui électrise le cœur et le pénètre de la plus vive gratitude.

Enfin le jour de la délivrance arriva. J'étais allée entendre la messe ; on vint m'annoncer que mon fils était libre, et qu'il m'attendait dans la cour du château. Je me sentis abîmée devant la majesté de Dieu ; je m'inclinai profondément : Seigneur, qui tournez quand il vous plaît le mal en bien, soyez éternellement béni de la grâce que vous venez de nous accorder ; ayez pitié de mon fils et de votre indigne servante ! — Je me levai tremblante, et m'acheminai avec vitesse vers mon fils qui accourut se jeter dans mes bras, en m'embrassant tendrement. J'étais si émue qu'il parlait, et je n'entendais plus : j'avais perdu l'usage de mes sens, il fallut me porter sur un lit où je faillis succomber à l'excès de mon bonheur. Revenue à moi, « Courage, me dit Ar» mand, en me tendant la main ; viens, chère mère, » que je te conduise chez mon bienfaiteur ». Nous allâmes, en effet, chez M. le Curé : il connaissait déjà l'heureuse nouvelle ; en voyant mon fils avec moi, la joie la plus vive éclata sur son visage, où est peinte la bonté et la dignité du saint état qu'il exerce. Il adressa à mon fils quelques conseils bienveillants sur l'usage qu'il devait faire de sa liberté : mon fils l'écouta avec respect, et nous nous retirâmes en le comblant de mille bénédictions.

VERS DE RECONNAISSANCE DU JEUNE DÉTENU,

A M. De Morency, *Archiprêtre et Curé de la ville de Dax.*

D'un cœur reconnaissant, reçois le faible hommage,
O toi, dont le Seigneur est l'unique partage,
Prêtre saint, bon Pasteur,
Qui d'un troupeau chéri ne veux que le bonheur ;
Tu soulages le pauvre et sa grande détresse,
Et sur tout malheureux se répand tes largesses.

Est-il un orphelin qui n'ait en toi un père ?
La veuve un soutien, et l'affligé un frère ?...
— Mais ce n'est pas assez que dire tes vertus :
Il faut te désirer le bonheur des élus......
Le Dieu qui t'a donné tant d'amour pour tes frères,
Écoutera mes vœux, exaucera mes prières
Et, un jour, l'indigent qu'aidèrent tes bienfaits,
Viendra te recevoir au séjour de la paix.

Nous passâmes à Dax quelques jours heureux durant lesquels je fis pour mon fils tout ce que son état exigeait, et le mis à même de se présenter partout convenablement. Durant nos longs entretiens dans lesquels sa mère trouvait tant de suavité, je lui rappelai ses protestations de retour sincère à la vertu et à la Religion. Je vis avec peine que ces conversations le fatiguaient, et que la légèreté de son caractère lui faisait préférer l'indépendance. De vagues et tristes pressentiments suivirent cette découverte. Hélas ! mes craintes n'étaient que trop fondées ! Ho ! qu'une mère tendre lit bien dans le cœur de ses enfants !...

Un jour, je dis à Armand : Mon fils, sans fortune, sans état, tu ne peux pas demeurer toujours inoccupé : il faut prendre un parti. Voici ce que te conseillent et ma sollicitude et mon expérience : il faut aller à Paris voir ta sœur la Religieuse ; elle te procurera quelque emploi. D'ailleurs, j'ai dans cette ville une très-bonne connaissance : elle est puissante, Mme la comtesse de Lasteyrie ; elle est aussi bonne que vertueuse, et nous avons tout à espérer de son crédit. Armand goûta ce projet, mais, avant tout, il était indispensable qu'il se présentât devant le Maire de sa commune qui seul, pouvait lui donner des passeports. Nous convînmes que j'irais l'attendre à Bordeaux, et Armand me quitta.

Arrivé devant M. le Maire, celui-ci lui dit que durant son absence il avait été appelé par la conscription ; qu'il avait eu un numéro qui venait d'être requis, et qu'il lui ordonnait de se rendre à Agen, pour être incorporé immédiatement dans un régiment. Armand s'y rendit sans hésiter, et j'appris par une de ses lettres, à Bordeaux, tous ces détails, avec l'annonce qu'il partait avec son régiment pour l'Afrique. Quelle nouvelle ! j'en fus attérée.

J'étais arrivée à Bordeaux dans un état désespérant ; malade, et sans aucune ressource pour entreprendre le voyage de Paris. Que devenir seule dans une chambre garnie ? — J'avais connu autrefois, une Dame vénérable dont cette cité gardera long-temps le souvenir, M.me de B*** ; son nom et ses vertus ne s'effaceront jamais de ma mémoire. Je voulais implorer son assistance ; elle ne vivait plus ; mais je trouvai chez ses demoiselles, mêmes vertus et même dévouement : elles vinrent me visiter, et me sentant en danger de mourir, je les priai de faire prévenir M. C.***, curé de Saint-Louis, pour qu'il daignât venir me confesser. Celui-ci venant de passer la nuit près d'un malade, m'envoya M. M***, Vicaire-Général, et le troisième jour, mon état empirant toujours, le digne et charitable vicaire de Saint-Pierre, M. Caussourd, m'administra le Saint-Viatique.

Je restai trois mois sans sortir de ma chambre. M. M.*** vint plusieurs fois me visiter. Quelle offrande généreuse me fit cet ami de Jésus-Christ ! Il me disait, dans le délire de la fièvre, lorsque mon cœur reconnaissant le nommait *apôtre,* qu'il ne se rappelait pas qu'étant Curé de St-Pierre, sa charité m'avait comblée de tant de bienfaits, que dès ce moment, ma gratitude lui avait donné ce nom qui lui convient si bien.

Je fus aussi visitée souvent par M. le Curé de Saint-Louis, dont tout le monde connaît le zèle, l'immense charité, et son grand amour pour Dieu. Heureux Paroissiens de Saint-Louis, combien de fois j'ai envié le bonheur d'être de votre paroisse que j'ai habitée trois mois ! combien j'ai été édifiée et du bon Pasteur, et de la docilité du troupeau ! que j'ai été touchée de la dignité du Prêtre, de sa démarche majestueuse dans la célébration des saints mystères ! tout en lui annonce la grandeur de l'auguste sacrifice de nos saints autels !

Les respectables Demoiselles de B.*** ne se ralentirent jamais ; leur zèle leur fit toujours braver la rigueur du froid pour venir m'apporter des secours abondants.

Elles eurent aussi la bonté d'écrire à M. Vermeuil, premier vicaire de Bazas, actuellement curé de Saint-Symphorien ; j'en connaissais le zèle et la générosité de son cœur : que ne puis-je dire, ici, ses mérites et tout ce qu'il a fait pour moi.

A quelque temps de là, je reçus pendant plusieurs jours l'hospitalité la plus bienveillante, chez M. l'Archiprêtre, Curé de Sauveterre (sur Gironde); avec quelle noblesse, quelle grandeur d'âme, me reçut ce bon M. Eyméric. Ce séjour était pour moi un sujet constant d'édification, et ce vieillard vénérable ne s'apercevait pas de l'admiration qu'il me causait. Jeûnes prolongés, mortifications continuelles, aumônes abondantes, en lui tout édifiait; indulgent pour les autres, sévère pour lui-même, c'était un vrai modèle. En le quittant, il me pétrifia de reconnaissance par des dons magnifiques. Homme généreux, que ne puis-je redire toutes vos vertus!

Passant par Sainte-Bazeille, pourrais-je sans ingratitude, oublier le noble et généreux accueil de M. Roques, curé de cette ville : il ne m'avait jamais vue cet excellent et très-digne Pasteur.

J'étais un peu rétablie : je voulus partir pour Paris. Durant tout le voyage que je fis à très-petites journées, je n'eus qu'à me louer des procédés généreux de tous les Prêtres de cette contrée, auxquels j'eus besoin de m'adresser. Qu'ils reçoivent, ici, l'expression de ma bien vive gratitude!

En arrivant à Paris, je trouvai ma fille malade, et la Supérieure absente : elle était en Italie, occupée à former de nouveaux établissements. J'en fus d'autant plus contrariée, que celle qui la remplaçait ne crut pas pouvoir m'admettre dans la maison, et que souvent je ne pouvais pas même voir ma fille, après l'avoir attendue long-temps, en vain, au parloir ou à l'église du couvent.

Faible, comme je l'étais, sourde, comme on l'est rarement, avec le peu de ressources pécuniaires que je possédais, qu'allais-je devenir à Paris ? un seul espoir me restait : je connaissais l'adresse de M.me la comtesse de Lasteyrie ; je m'acheminai vers son hôtel, faubourg Saint-Honoré.

Là, je trouvai cette seconde Providence qui ne m'a jamais abandonnée ; comme une mère tendre, elle me reçut avec les démonstrations de la plus vive sympathie, son naturel vif et ardent souffrait beaucoup de ma surdité qui l'obligeait à avoir constamment un crayon à la main pour me communiquer ses pensées. Comme sa charité fait son bonheur, avec un équipage à ses ordres, elle va toujours à pied, parce qu'on est, dit-elle, plus près de l'infortune. Elle me combla de bienfaits, me procura une chambre où elle venait souvent me visiter, et pourvut à tous mes besoins. Je passai ainsi trois mois, partageant mes moments entre ma bienfaitrice et ma fille que je ne voyais que rarement, l'absence de la Supérieure m'ayant ôté tous les moyens de faire, sur ce point, fléchir la règle en ma faveur. Au bout de ce temps, M.me de Lasteyrie vint m'annoncer qu'elle était obligée de partir pour Lagrange, belle terre, où son beau-frère était malade, et où elle allait lui prodiguer ses soins. Je vous afflige, me dit-elle, mais soyez tranquille, avant mon départ je pourvoirai à tout. En effet, par son crédit elle obtint de me faire recevoir chez ces Religieuses de Vincennes qui sont du même ordre que ma fille, pour y passer tout le temps de son absence. Si mon séjour à la campagne se prolongeait plus que je ne pense, ce que vous auriez de mieux à faire, dit-elle, serait de revenir en province. Tenez-vous prête pour partir lundi, pour Vincennes ; moi-même je vous y conduirai.

J'allai faire mes adieux à ma fille : que notre séparation fut pénible ! Si l'une et l'autre n'avions appris depuis longtemps à soumettre sans murmurer nos goûts et notre volonté aux décrets de celui qui commande à tout, nous aurions été bien malheureuses.

Au jour indiqué, nous arrivâmes à Vincennes dans la matinée ; la Prieure m'accueillit avec bonté en l'absence de la Supérieure, qui était allée dans une autre communauté pour rétablir sa santé. La mère de notre Electa, dit-elle, soyez la bien-venue : c'est pour nous un bonheur ; toutes, nous aimons votre fille, Madame ; c'est une Agnès.

Après m'avoir recommandée à la Prieure de la manière la plus expresse, et lui avoir fait plusieurs cadeaux, Mme la comtesse de Lasteyrie nous quitta en me renouvellant l'invitation de lui écrire souvent.

Il me serait impossible de décrire toutes les complaisances qu'eurent pour moi les bonnes Religieuses : ce sont des personnes surhumaines dont la vie est un sujet constant d'édification. Elles mangent toujours maigre, bien que la règle leur permette le gras ; elle se lèvent une heure chacune toutes les nuits, pour rester en adoration devant le Très-Saint-Sacrement ; elles couchent sur la paille, et elles sont heureuses parce qu'elles n'aspirent qu'au bonheur du ciel.

Je fis part à M.me de Lasteyrie de toute la joie que je goûtais dans cet établissement ; de son côté, elle m'écrivit plusieurs lettres que je regrette de ne pas communiquer à mes lecteurs : ils admireraient la beauté du style, et la bonté de cette âme embrâsée du feu divin de la charité. Mais je l'ai déjà dit, mes faibles ressources me forcent à abréger mon récit.

J'avais reçu de mon pays une lettre qui m'annonçait la mort d'une personne qui jouissait d'une petite propriété qui m'appartenait ; j'en avais instruit ma bienfaitrice qui me répondit que puisqu'il en était ainsi, la maladie de son beau-frère se prolongeant toujours, et ne lui laissant aucun espoir de revenir bientôt à Paris, elle me conseillait de retourner dans le midi pour y soigner mes affaires. Lorsque je reçus cette lettre, les Religieuses de Vincennes venaient d'apprendre que la maison qu'elles occupaient était vendue, et qu'elles allaient être disséminées par deux, ou par quatre, dans les autres établissements. Dès-lors, je n'hésitai plus : je fus résolue à revenir dans mon pays natal.

Je ne voulais pas quitter la capitale sans embrasser ma fille : pendant trois jours, il me fut impossible de pénétrer jusqu'à elle ; enfin je pus jouir de ce bonheur, je ne pouvais pas articuler une parole ; j'étais suffoquée par mes larmes ; je tenais mon enfant dans mes bras.

Chère mère, me dit-elle, sachons nous soumettre avec résignation à la sainte volonté de Dieu ! remportons la victoire ; montrons-nous, je t'en conjure, plus fortes que nos malheurs ! — La pauvre enfant avait puisé cette force de caractère dans une retraite qu'elle avait faite pendant les trois jours précédents. Les communications intimes qu'elle venait d'avoir avec l'Esprit-Saint lui donnaient le courage de supporter notre triste séparation, et de déposer ses chagrins au pied de la croix de notre Divin Sauveur. — La règle vint mettre fin à cette scène déchirante ; on enleva ma fille à mes embrassements douloureux. Dès ce moment, je fus atteinte d'une palpitation de cœur qui dure toujours, et la source de mes larmes fut tarie.

Après que mon émotion me permit de marcher, je me dirigeai tristement vers la rue Notre-Dame des Victoires, et montai en diligence. M.me de Lasteyrie ayant pourvu aux frais de mon voyage, je me rendis directement à Agen. A peine y étais-je arrivée, que je fus perclue de tous mes membres ! En passant à Angoulême j'avais attendu longtemps, dans la Cathédrale, l'heure du saint sacrifice de la Messe, j'avais ressenti un froid glacial, et dès ce moment, j'avais commencé à ressentir les effets d'un rhumatisme aigü qui me retint six mois dans ma chambre. Là, j'éprouvai de nouveau les bienfaits du clergé de cette ville. Je n'oublierai jamais les bontés généreuses de Mgr. de Vezin, de MM. Trincaud, Taillé, Carney, de Lapeyrère, curé d'Aiguillon, etc., etc. Je suis heureuse de citer ces noms, ici, bien que je sache que leur humilité en souffrira.

Que les décrets de la Providence sont toujours admirables ! Dans cette ville d'Agen, où j'ai reçu tant de bienfaits, mon oncle, dont je suis l'unique héritière, l'abbé B.. ., avait perdu toute sa fortune. Chef des Missionnaires nommés par le Souverain Pontife pour aller prêcher l'Evangile à tous les peuples de la terre, il avait déposé tout son avoir dans une maison d'Agen, qui avait toute sa confiance ; par suite de notre première révolution, elle n'eut pas le courage de garder le depôt qui lui avait été confié, elle le consigna dans la prison de Paulin, et mon oncle, à son retour, ne trouva plus que des liasses d'assignats sans valeurs. Il se retira chez mon père qui partagea avec lui sa modeste existence, et le digne abbé mourut quelques années plus tard. On me pardonnera, j'espère, cette digression. — Je reprends mon récit.

Les chaleurs de l'été vinrent heureusement me rendre le mouvement. Je quittai Agen et me rendis dans mon pays natal. Je n'y trouvai plus aucune de mes connaissances; les générations s'étaient renouvelées ; plus une figure amie ne s'offrit à mes yeux. Je me trompe ; que ne puis-je t'effacer de mon esprit ! je rencontrai une de mes contemporaines à qui, autrefois, j'avais rendu des services signalés de plus d'un genre, qu'elle n'aurait pas dû oublier ; l'ingrate me dédaigna parce que j'étais infortunée. La reconnaissance est un fardeau trop lourd pour certaines ames. Je rencontrai néanmoins des cœurs sensibles chez des hommes dont j'avais connu les ayeux et que j'avais connus enfants. Je ne résiste pas au plaisir d'épancher ici mes sentiments de gratitude envers M. de Védrénes et de son fils, M. Raymond de Védrénes. J'avais habité 20 ans dans le même quartier que cette famille, l'une des plus distinguées du pays; j'avais été à même d'apprécier les vertus qui la faisaient remarquer, et j'ai pu me convaincre que MM. de Védrénes marchaient toujours sur les traces de leurs ancêtres vénérés.

L'abbé Castaing, archiprêtre, vicaire de cette ville, me fut aussi d'un grand secours. Quelle extrême charité dans ce jeune prètre! Quel secret dans ses générosités! pour lui, l'or n'a de valeur que pour le verser dans le sein des malheureux, dont il est l'ami, le consolateur, et le soutien.

J'étais allée dans ces lieux pour vendre une maison seul débris de l'héritage de mes pères. Je la trouvai occupée par des gens insolvables, et j'eus beaucoup de peine à m'en faire remettre les clés. En vain me suis-je donné tous les soins possibles, je ne pus parvenir à en réaliser le prix, la non-vente me laissa dans un dénuement absolu, et il me fut impossible de consentir à laisser plus longtemps ma misère au milieu d'une population qui m'avait connue dans des temps plus heureux. Mais hélas! que devenir, où diriger mes pas?.... J'invoquai l'Esprit-Saint qui ne m'abandonna jamais; Bergerac revint à mon esprit ; Bergerac , ville charitable par excellence , dont j'avais déjà éprouvé les bienfaits. Ville remarquable par l'accord fraternel et touchant de tous ses habitants pour l'accomplissement des œuvres de bienfaisance , quoiqu'ils soient divisés de croyance religieuse.

Je connaissais le digne supérieur du Séminaire , M. Molène , au cœur brûlant de charité, à l'âme sensible et compatissante , n'employant jamais en vain la bienveillante charité des respectables chefs de cet établissement dans lequel s'élève cette jeunesse nombreuse qui se destine à remplir les fonctions saintes du sacerdoce.

Un de ses anciens administrateurs était né dans les lieux qu'habitaient ma famille ; je savais que sa bonté naturelle ne me refuserait pas son appui. Malgré les efforts de mes honorables connaissances , mes longues maladies dans ville de Bergerac , m'empêchèrent de réaliser les frais de mon petit ouvrage.

Ce n'est pas en vain que je suis venue à Bordeaux invoquer la bienveillance des prêtres d'une paroisse de cette ville , auxquels je ne puis m'empêcher de témoigner toute ma reconnaissance , et dont je conserverai toujours le précieux souvenir.

Que n'ai-je ici des pensées sublimes et le talent de les développer , pour expliquer , à ceux qui liront l'abrégé de mon histoire , le pouvoir de la Religion dans un cœur enflammé de l'amour divin ! Quelle énergie ne donne-t-elle pas à ces jeunes Ministres dont rien n'arrête le zèle et la charité, ainsi que de toutes les personnes qui en connaissent les charmes et la force !

C'est donc à vous, généreux habitants de la ville de Bordeaux, que j'offre les premiers exemplaires des tristes détails de ma vie ; âmes sensibles, vous surtout qui, au bonheur d'être mères, possédez celui plus grand encore d'être honorées des soins empressés de vos enfants ; c'est à vous que je m'adresse : mes faibles prières pour vous, portées chaque jour aux pieds du Tout-Puissant, acquitteront la dette de ma vive reconnaissance !

Veuve LOUIS ***.

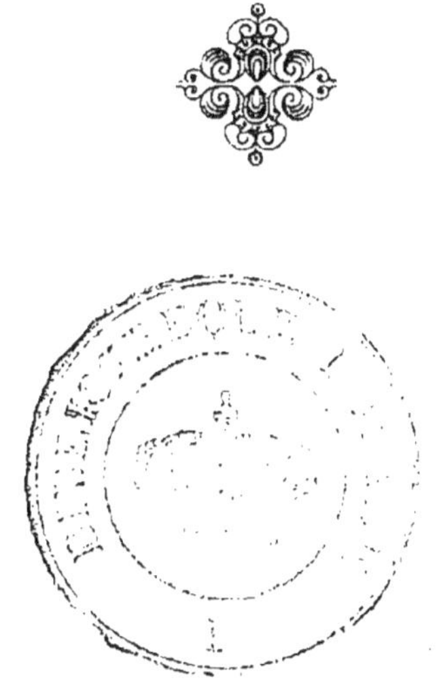

BORDEAUX. — IMPRIMERIE DE TH. LAFARGUE, LIBRAIRE.

www.ingramcontent.com/pod-product-compliance
Lightning Source LLC
LaVergne TN
LVHW010304230826
846091LV00007BB/2697

* 9 7 8 2 0 1 2 3 9 7 5 3 8 *